AF356827

LA
ROBE DÉCHIRÉE,

COMÉDIE-VAUDEVILLE

EN UN ACTE,

Par M. Ancelot,

Représentée pour la première fois à Paris, sur le théâtre des Variétés,
le 5 juillet 1834.

Prix : 1 Fr.

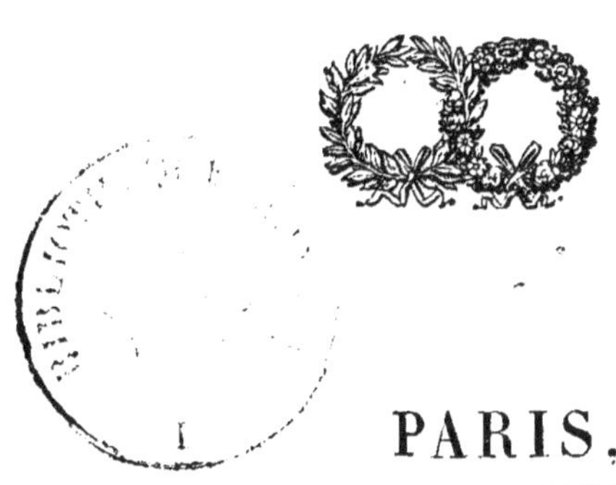

PARIS.

MARCHANT, BOULEVART SAINT-MARTIN, N° 12;
BARBA, LIBRAIRE, PALAIS-ROYAL.

1834.

●●

PERSONNAGES.	ACTEURS.
M. GADIFERT.	MM. Bosquier-Gavaudan.
M. RIGAULOT, ancien avoué.	Legrand.
M. DUFOUR, jeune homme riche.	Alexandre.
JEAN, domestique de Gadifert.	Hyacinthe.
MAD. GADIFERT.	Mmes Jolivet.
MAD. RIGAULOT.	Pauline.
JUSTINE, femme-de-chambre de madame Rigaulot.	Rougemont.

La scène se passe à Paris, chez Gadifert.

———

Nota. Les personnages sont placés en tête de chaque scène comme ils
doivent l'être au théâtre : le premier occupe la droite de l'acteur.

Impr. de J.-R. Mevrel,
Passage du Caire, 54.

LA ROBE DÉCHIRÉE,

COMÉDIE-VAUDEVILLE.

Le théâtre représente un salon. Portes au fond, porte latérales ; une psyché à droite de l'acteur, au premier plan.

SCÈNE PREMIIÈRE.

JUSTINE, *sortant de la porte à droite de l'acteur*, JEAN, *entrant par le fond.*

JUSTINE, *à la cantonnade.* Cela suffit, madame; je vais le dire à ma maîtresse; elle sera prête à onze heures.

JEAN, *entrant.* Vraiment je ne m'étonne plus de n'avoir pas trouvé la charmante Justine au second étage.

JUSTINE. Vous descendez de chez nous ?

JEAN. J'étais allé de la part de monsieur Gadifert , mon maître , prier monsieur Rigaulot de venir causer un instant avec lui.

JUSTINE. Et moi, j'ai demandé à madame Gadifert à quelle heure elle désire que madame Rigaulot vienne la chercher. Ces dames doivent faire des emplettes ensemble ce matin.

JEAN. Justine, elles sont terriblement coquettes ces deux dames.

JUSTINE. Elles sont jeunes et jolies.

JEAN. C'est juste, et leurs chers époux…

JUSTINE. Sont fort laids.

JEAN. S'ils n'étaient que cela !

JUSTINE. Taisez-vous donc ! vous pensez toujours mal des femmes.

JEAN. C'est que je les connais.

JUSTINE. Vous croyez ?

JEAN. Ce n'est pas moi qu'elles attraperont.

JUSTINE. Vous croyez ?

JEAN. Il est sûr et certain, Justine, qu'une fois que nous serons mariés, je ne ferai pas comme nos deux maîtres.

JUSTINE. Et qu'est-ce qu'ils font donc ?

JEAN. Monsieur Rigaulot, votre bourgeois, ne laisse-t-il pas rôder sans cesse autour de sa femme monsieur Belval , chef d'escadron de carabiniers.

JUSTINE. Puisqu'il est son cousin.

JEAN. Son cousin et cœtera.

JUSTINE. Mauvaise langue !

JEAN. Si j'ai une mauvaise langue, j'ai de bons yeux : osez me soutenir que ce n'est pas vous qui êtes chargée de la correspondance secrète...

JUSTINE. Vous êtes un homme abominable.

JEAN. J'aime mieux ça que d'être un jobard ! Et madame Gadifert, ma bourgeoise, qui est toujours pendue au bras de monsieur le comte de Surville, un gant jaune de l'opéra ! hein, qu'en dites-vous ?

JUSTINE. Je dis que tout cela ne vous regarde pas.

JEAN. C'est possible, mais je regarde tout cela, et je ris parce que les hommes qu'on trompe ça m'amuse beaucoup.

JUSTINE. En vérité ?

JEAN. Hier, par exemple, les maris dînaient dehors, on vous a donné campo ainsi qu'à moi ; eh bien, où croyez-vous que madame Rigaulot soit allée se consoler de l'absence de son époux ?

JUSTINE. Elle est allée dîner chez sa tante.

JEAN. Merci, Justine !

JUSTINE. Comment, vous doutez ?

JEAN. Oh, que non, je ne doute pas.

Air : *Vaud. de l'Apothicaire.*

Votre bourgeois n'est pas jaloux,
Et d'un seul mot il se contente ;
Mais, quand je serai votre époux
Ne dinez pas chez votre tante !
Des tantes comme celle-là
Peuvent attraper des ganaches !..
Moi, je gage avec vous qu'elle a
La croix d'honneur et des moustaches.

JUSTINE. C'est une calomnie.

JEAN. Et madame Gadifert, qui avait dit à son mari qu'elle ne sortirait pas ; à peine a-t-il eu le dos tourné qu'on m'a envoyé chercher un fiacre ; et fouette cocher !.. Elle allait peut-être aussi chez sa tante ?

JUSTINE. Mais qu'est-ce que tout cela vous fait ?

JEAN. Pardine, ça me fait rire : je n'en suis pas fâché, d'ailleurs, parce que ça nous donne du bon temps : ça nous a permis d'aller ensemble hier au Cirque-Olympique. Oh ! Justine, que vous faisiez bon effet au pourtour, quelle jolie toilette !..

JUSTINE. Chut !..

JEAN. Ah oui, je comprends... Mais dites-moi donc pourquoi vous n'avez voulu sortir avec moi qu'à six heures , quand vous étiez libre à quatre? Je vous avais proposé de venir dîner chez Passoir : la partie aurait été complète.

JUSTINE. Que sait-on?.. j'ai peut-être aussi dîné chez ma tante.

JEAN. Méchante!.. je suis bien tranquille sur vous; à tel point que je vais aujourd'hui-même parler de notre mariage à monsieur Rigaulot.

JUSTINE. Comme vous voudrez : mais vous me faites jaser , et ma maîtresse m'attend!.. A revoir, monsieur Jean!

JEAN. A revoir, mademoiselle Justine.

SCENE II.

JEAN, *puis* GADIFERT.

JEAN, *seul un instant.* Oui, oui, je suis tranquille!.. Elle est sage, et je suis malin; ce n'est pas à moi qu'une femme en ferait accroire!.. je les connais trop les femmes! je ne sais pas pourquoi je m'imagine qu'il y aura du grabuge ici aujourd'hui : monsieur Gadifert, mon bourgeois, a un air singulier. Oh, s'il pouvait se douter... comme ça me divertirait!.. J'ai du bonheur! tous les maîtres chez lesquels j'ai servi étaient... oh! mais complétement!.. Et moi je riais de leurs mésaventures, j'en riais... tellement que ça m'a toujours fait chasser. Je me flatte que je vais encore avoir de quoi rire chez monsieur Gadifert! Oh, oh, le voici!.. attention!..

GADIFERT, *entrant par la porte à gauche de l'acteur.* Eh bien , te voilà redescendu ; et Rigaulot n'est pas encore arrivé! ne lui as-tu pas dit que je suis pressé ?

JEAN. Sans doute , monsieur ; et il m'a répondu : Je vais manger une bouchée, et je serai chez ton maître dans une minute.

GADIFERT. Au diable ses minutes et ses bouchées!.. les bou-chées d'un gourmand, et les minutes d'un lambin! va le presser encore.

JEAN. J'y cours, monsieur.

SCENE III.

GADIFERT, *seul.*

Les amis! les amis!.. il n'y a pas d'amis! c'est une sottise d'y croire!.. Ce Rigaulot...je parie que lui aussi me soufflerait ma femme s'il pouvait souffler quelque chose! Heureusement il est asthmatique, et il a bien assez à faire de garder la sienne !.. Voyez donc s'il viendra! Que son asthme l'étouffe!..

JEAN, *annonçant.* Monsieur Rigaulot.

GADIFERT. Ah!.. Enfin!

SCENE IV.

RIGAULOT, GADIFERT.

RIGAULOT, *entrant par le fond.* Bonjour, Gadifert, bonjour.

GADIFERT. Arrivez-donc, arrivez!.. depuis une heure je me donne au diable.

RIGAULOT. Qu'y a-t-il de nouveau?

GADIFERT. Il y a, mon cher, il y a quelque chose d'atroce, mais ça n'est pas nouveau.

RIGAULOT. Diantre! vous m'effrayez!

GADIFERT. Il faut que je vous le dise tout de suite, car j'ai besoin de conseils, et ça m'étouffe!

RIGAULOT. Parlez, mon ami!

GADIFERT. Eh bien, il y a que ma femme...

RIGAULOT. Votre femme?..

GADIFERT. Que ma femme...

Il parle bas à l'oreille de Rigaulot.

RIGAULOT, *avec surprise.* Bah!

GADIFERT. C'est comme j'ai l'honneur de vous le dire.

RIGAULOT, *à part.* Je m'en doutais : avec cette figure-là!.. (*Haut.*) Au fait, mon cher, c'est possible.

GADIFERT. Possible?.. cela est, Rigaulot! cela est!.. Et avec un ami!

RIGAULOT, Un ami?.. Au fait c'est encore possible.

GADIFERT.

Air *de la Robe et les Bottes.*

Tous nos amis sont d'horribles vipères
Qu'en notre sein nous réchauffons.
RIGAULOT.
Prenons garde aux célibataires ;
Leur amitié cache des trahisons.
GADIFERT.
Les scélérats nous dérobent nos femmes ;
Comment contre eux ne pas nous irriter ?
RIGAULOT.
S'ils les gardaient encor!.. Mais les infâmes
Ne font que nous les emprunter!

GADIFERT. C'est une horreur!

RIGAULOT. Très bien! très bien!.. mais vous ne me dites pas son nom!

GADIFERT. Son nom?.. Faites le compte de mes amis :

retranchez-vous du nombre ; cherchez ensuite le plus intime, le plus dévoué, le plus choyé!.. c'est celui-là !

RIGAULOT. Dufour !

GADIFERT. Vous y êtes !

RIGAULOT. Je l'aurais parié !.. Dufour est un jeune homme...

GADIFERT. Un jeune homme qui m'a été recommandé par sa famille, que je regardais presque comme mon enfant ; qui, arrivé à Paris avec une belle fortune, l'avait déjà compromise dans une sotte spéculation dont je l'ai sauvé!.. enfin, un garçon qui était chez moi comme chez lui !..

RIGAULOT. C'est cela, il a fait comme s'il était chez lui.

GADIFERT. Maintenant, j'ai besoin de vos avis sur ce qui me reste à faire.

RIGAULOT, *avec importance.* Ah! votre femme, mon cher, votre femme!... Entre nous, je ne me suis jamais fié à cette eau dormante : c'est trop calme, me disais-je, beaucoup trop calme!.. on n'est pas si calme pour rien ; et puis, vingt-cinq ans, c'était bien jeune pour vous.

GADIFERT. Le même âge que la vôtre, mon ami.

RIGAULOT. Oui ; mais c'est bien différent! ma femme est vive, gaie, sémillante ; riant ou chantant toujours ; n'ayant l'air de penser à rien ; enfin, tous les symptômes de la vertu : puis moi, je suis plus jeune que vous.

GADIFERT. Quelques années de différence... la belle affaire!

RIGAULOT. Ah ça, voyons : comment avez-vous éventé la mèche ? contez-moi cela.

GADIFERT. M'y voici. Hier, vous le savez, je devais dîner en ville?

RIGAULOT. Et moi aussi... Après?

GADIFERT. J'étais sorti dès trois heures pour me rendre à la Bourse, et de là je devais aller dans la chaussée d'Antin faire le premier paiement pour cette maison que j'ai achetée rue St-Georges.

RIGAULOT. Je sais, je sais... Poursuivez.

GADIFERT. En route, je m'aperçois que j'ai mal fait mon compte ; trois mois d'intérêts oubliés ; il me manquait mille francs!.. Je songeai que Dufour habitait le quartier ; j'allais passer devant sa porte, et, pour ne pas revenir ici, j'imaginai de monter, et de lui demander les mille francs dont j'avais besoin.

RIGAULOT. C'est tout simple.

GADIFERT. Je sonnai, on ne répondit pas... le malheureux n'avait garde d'ouvrir!.. Le diable me fit souvenir de la petite porte de son appartement que vous connaissez ainsi que moi.

RIGAULOT. Bon !

GADIFERT. Elle n'était point fermée ; je tourne le bouton, j'entre et je vais droit à la chambre à coucher.

RIGAULOT. Bon !

GADIFERT. Que vois-je, en ouvrant la porte ! une femme qui se sauve dans son cabinet... vous savez, son cabinet ?

RIGAULOT. Bon !

GADIFERT. Je n'avais pas vu sa figure ; mais j'avais vu sa robe, en mousseline jaune ; plus, un bout de ruban bleu ; de ces rubans qui pendent aux chapeaux de nos femmes... vous savez ?

RIGAULOT. Bon !

GADIFERT. Il n'y avait pas moyen de dissimuler. Dufour, le misérable... il était interdit ! Je n'ai jamais vu un homme si déconcerté !

RIGAULOT. Bon !

GADIFERT. Peste soit de vos exclamations !.. Il n'y a rien de bon là-dedans, que moi, imbécile, qui ne songeai pas en ce moment à la robe jaune de ma femme.

RIGAULOT, *riant.* Eh, eh, c'est vrai ! précisément la pareille de celle de madame Rigaulot ! elles les ont achetées ensemble chez Delille, je m'en souviens ! Mousseline jaune pâle ?.. c'est bien cela ?

GADIFERT. Oui, c'est bien cela ; et le ruban bleu du chapeau aussi !

RIGAULOT. Ah ! en effet, ces dames ont des chapeaux à rubans bleus ! Pauvre ami ! Mais comment l'idée que ce peut être votre femme vous est-elle venue ?

GADIFERT. Je vais vous le dire. Vous connaissez la portière de Dufour, cette grande niaise...

RIGAULOT. Qui ressemble beaucoup à la giraffe.

GADIFERT. Et qui vous regarde toujours comme si elle se moquait de vous.

RIGAULOT. Très bien, très bien !

GADIFERT. Comme je descendais, elle m'a dit en ricanant : Vous venez de chez M. Dufour ? il n'y est pas. — Peut-être, lui dis-je. —Oh ! il n'y a pas de peut-être ; je suis bien sûre qu'il n'y est pas. — Qui sait, répondis-je en souriant, s'il n'y était pas pour moi ?—Pour vous ?.. moins pour vous que pour personne, reprit-elle ; et je crus voir qu'en se retournant elle voulait me cacher une envie de rire.

RIGAULOT. Ah ! diable !

GADIFERT. Quand je fus dans la rue, le ton dont elle m'avait dit cela me revint à l'esprit. Qu'est-ce que cela signifie me de-

mandai-je : moins pour vous que pour personne! Alors, la
maudite robe de ma femme s'offrit à ma pensée; ce fut un trait
de lumière! Ma femme m'avait dit qu'elle se proposait de ne
pas sortir!.. je ne perds pas une minute, je monte dans un ca-
briolet, je paie double course, j'éreinte le cheval; à mesure que
j'approchais d'ici mon cœur battait à m'en faire perdre le souf-
fle; j'avais le pressentiment que tous mes soupçons allaient être
confirmés. J'arrive, je demande madame Gadifert; on me dit
qu'aussitôt après mon départ elle est montée en fiacre, en don-
nant congé à mon domestique, et en annonçant que probablé-
ment elle ne rentrerait que dans la soirée.

RIGAULOT. Oh, oh!

GADIFERT. Je m'informai avec adresse auprès de la bonne
de l'enfant, de la toilette qu'avait madame Gadifert.

RIGAULOT. Eh bien?

GADIFERT. Juste, la robe jaune et le chapeau à ruban bleu!

RIGAULOT. C'est clair!.. et que fîtes-vous alors?

GADIFERT. Que pouvais-je faire? retourner chez Dufour;
inutile... il était évident qu'on en serait sorti; je m'en allai, je
ne dînai point, je rôdai jusqu'au soir, et quand je rentrai je
trouvai madame Gadifert qui venait d'ôter sa robe et qui me
demanda, de l'air le plus tranquille, si je m'étais bien amusé
et si j'avais mangé de bon appétit.

RIGAULOT. Vous avez bien reconnu la robe jaune?

GADIFERT. Certainement. Ah! j'oubliais de vous dire une
circonstance qui me tracasse : hier, chez Dufour, quand elle se
sauva dans le cabinet (je dis elle, parce que je ne suis que trop
sûr de mon malheur); bref, quand la femme qui était là se
sauva dans le cabinet, la porte fut si brusquement tirée par elle
ou poussée par Dufour, que le coin de la robe demeura pris,
je le remarquai bien!.. oui, le bout passait, on le tira pendant
que j'étais là, et je ne vous cache pas que j'eus peine à retenir
une envie de rire : eh bien, il se fit une déchirure à ce coin
de la robe, je l'ai vu.

RIGAULOT. Ah, ah!

GADIFERT. Sans faire semblant de rien, j'ai tâché d'examiner
la robe que ma femme venait de quitter.

RIGAULOT. Eh bien?

GADIFERT. Eh bien, je n'y ai pas vu de déchirure.

RIGAULOT. Vous aurez mal regardé.

GADIFERT. Vous croyez?

RIGAULOT. Je voudrais de tout mon cœur, mon pauvre ami,
trouver dans ce petit détail une raison suffisante de douter; mais
ma conscience d'ami, de véritable ami, me défend de con-

La Robe déchirée.   2

tribuer à vous plonger dans l'illusion. Tant de circonstances, tant de preuves réunies ne démontrent que trop la chose, et il ne vous reste plus qu'à supporter le coup bravement.

GADIFERT. Hélas!..

RIGAULOT. Vous n'avez pu regarder la robe que du coin de l'œil, et très superficiellement?

GADIFERT. C'est vrai.

RIGAULOT. Je gage tout ce qu'on voudra que votre femme ne la mettra pas aujourd'hui.

GADIFERT. Nous verrons.

RIGAULOT. Et que si vous demandez à la voir, elle sera chez la couturière.

GADIFERT. C'est possible. Ah, mon Dieu! j'entends ma femme qui sort de chez elle.

RIGAULOT. Du courage, mon ami, et un peu de sang-froid.

SCENE V.

Mme GADIFERT, GADIFERT, RIGAULOT.

MAD. GADIFERT. Ah, bonjour, M. Rigaulot.

RIGAULOT, *goguenard*. Madame, j'ai bien l'honneur de vous présenter mes respects.

MAD. GADIFERT, *à son mari*. Bonjour, mon ami.

GADIFERT. Bonjour, madame.

MAD. GADIFERT. Quel conciliabule tenez-vous donc là de si bonne heure, messieurs?

RIGAULOT. Un véritable conciliabule, madame! c'est le mot.

MAD. GADIFERT, *s'approchant de la psyché*. A merveille! ce sont vos affaires.

RIGAULOT, *bas à Gadifert*. Qu'est-ce que je vous disais? elle n'a pas mis la robe jaune.

GADIFERT, *bas*. Parbleu, je le vois bien.

RIGAULOT, *bas*. Prenez votre parti, mon cher Gadifert.

MAD. GADIFERT. Notre fils Charles est un peu malade ce matin; il n'a fallu rien moins que le beau cadeau qu'il vient de recevoir pour le consoler un peu.

GADIFERT. Quel cadeau?

MAD. GADIFERT. Tout un régiment d'infanterie avec armes et bagages, renfermé dans une boîte superbe que M. Dufour vient de lui envoyer.

GADIFERT. M. Dufour.

MAD. GADIFERT Plus, un monde de bonbons de toute espèce.

GADIFERT. Et de quoi se mêle M. Dufour, s'il vous plaît, d'envoyer des bonbons à mon enfant?

MAD. GADIFERT. Oh, soyez tranquille, j'y ai pourvu; j'ai caché tous les bonbons, et je n'ai laissé à Charles que les soldats : cela du moins ne peut pas faire de mal.

GADIFERT. Mais enfin je trouve singulier...

RIGAULOT. Un ami envoie des bonbons, c'est tout naturel.

MAD. GADIFERT. Sans doute; et je suis surprise de la façon dont vous prenez les choses aujourd'hui : vous ne pouvez en vouloir à ce bon M. Dufour, parce qu'il songe à notre enfant ainsi qu'à nous.

GADIFERT. Oui, oui! il songe beaucoup à nous.

MAD. GADIFERT. Je ne vous comprends pas.

Elle va devant la glace arranger quelque chose
à sa toilette.

RIGAULOT, *bas à Gadifert.* Contenez-vous donc!

GADIFERT. Je ne me sens pas bien ce matin.

MAD. GADIFERT. En effet, mon ami; je vous trouve pâle et fatigué, qu'avez-vous?

RIGAULOT, *à part.* La sainte nitouche!

GADIFERT. Une mauvaise nuit, voilà tout!

MAD. GADIFERT. Hier, vous avez dîné en ville, et vous ne vous serez pas ménagé!.. A votre âge, il faut être prudent.

GADIFERT. A mon âge! merci du compliment, madame!

RIGAULOT. Eh bien, quoi? ne vas-tu pas prétendre que nous sommes jeunes?

MAD. GADIFERT. En vérité, mon cher mari, vous êtes peu aimable ce matin.

GADIFERT. C'est possible... Mais dites-moi, madame, vous voilà déjà habillée : est-ce que vous comptez sortir?

MAD. GADIFERT. Oui, après déjeuner.

GADIFERT. Il me semble que vous avez là une nouvelle robe : seriez-vous déjà dégoûtée de celle que vous portiez hier?

MAD. GADIFERT. Ah! ma robe jaune?

GADIFERT. Oui: pourquoi ne l'avoir pas mise ce matin?

MAD. GADIFERT. Il y avait quelque chose à faire, et je viens de l'envoyer chez la couturière.

GADIFERT. Ah!..

RIGAULOT, *bas à Gadifert.* Je vous l'avais prédit.

GADIFERT. Mais, madame, cela m'étonne! c'est à peine si vous avez porté cette robe trois fois.

MAD. GADIFERT, *très étonnée.* En vérité, mon ami, je n'y

conçois plus rien ; depuis quand vous souciez-vous de mes robes ?
Est-ce que vous auriez inventé quelque plan d'économie durant
votre insomnie de cette nuit ; et ma toilette serait-elle au nombre
des articles de votre budget dont vous avez rêvé la réduction ?

GADIFERT. Peut-être !

MAD. GADIFERT. Ah ! prenez garde : nos mœurs ont changé
comme nos institutions : il n'y a plus place en France pour
une monarchie absolue.

Air : Du baiser au porteur.

D'après les lois qui nous régissent,
Pour réduire un budget, dit-on,
Il faut que deux pouvoirs s'unissent ;
Moi, j'en suis un, et je dis : non !
RIGAULOT.
D'un député, madame a pris leçon :
A son arrêt nous n'avons qu'à souscrire,
Car un budget ne peut jamais changer,
Quand ceux qui devraient le réduire,
Trouvent plus doux de le manger.

MAD. GADIFERT. Très bien raisonné, monsieur Rigaulot !

GADIFERT, *bas à Rigaulot.* Quel sang-froid !

RIGAULOT, *bas.* Je conviens qu'elle a un fameux aplomb !

MAD. GADIFERT. Allons, c'est assez nous occuper de mes
robes... J'entends quelqu'un ; c'est sans doute madame Rigaulot
qui m'a promis de déjeuner avec nous ; ensuite, nous sortirons
ensemble.

Elle va vers le fond.

RIGAULOT, *bas à Gadifert.* J'espère que vous ne doutez plus.

GADIFERT, *id.* Le moyen de douter à présent !

SCENE VI.

MAD. GADIFERT, MAD. RIGAULOT, GADIFERT, RIGAULOT.

MAD. RIGAULOT, *entrant par le fond.* Bonjour, ma belle ;
comment vous trouvez-vous ce matin ?

MAD. GADIFERT. Très bien, ma chère, et vous ?

MAD. RIGAULOT. A merveille !.. Je vous salue, monsieur
Gadifert !.. Ah ! vous voilà ici, monsieur Rigaulot ?.. J'ai demandé de vos nouvelles avant de descendre : personne n'a pu
me dire ce que vous étiez devenu.

RIGAULOT. Tout le monde le savait pourtant.

MAD. RIGAULOT, *souriant.* Au fait, c'est possible, car je crois
que je n'ai pas écouté la réponse.

RIGAULOT. Mille remercîmens.

MAD. RIGAULOT. Je sais que vous êtes la prudence, la sagesse et la raison incarnées ; aussi n'ai-je aucun souci de vos démarches. Ah ça, dites-moi, ma belle, par où commençons-nous nos courses ? Il fait si beau que je me sens légère comme une fauvett. Ça me porte bonheur de me lever matin ! Il n'est pas midi et j'en crois à peine mes yeux quand je me vois habillée à pareille heure.

MAD. GADIFERT. Comme votre robe vous va bien !.. Elle a été beaucoup mieux faite que la mienne.

Les deux femmes causent bas d'un côté du théâtre ; les hommes sont de l'autre côté sur le devant.

RIGAULOT, *bas à Gadifert.* Remarquez vous, mon cher, que madame Rigaulot a justement la robe jaune pareille à celle de votre femme.

GADIFERT, *bas.* Je ne le vois que trop.

RIGAULOT, *bas.* Elle n'a pas eu peur de la porter aujourd'hui, elle !

MAD. RIGAULOT, *qui cause avec madame Gadifert.* Eh bien, oui, c'est convenu ; nous irons : ce sera très-amusant !

RIGAULOT, *sur le devant, à demi-voix, à Gadifert.* Quelle vivacité ! quelle gaîté !.. voilà comme j'aime les femmes... Quand elles sont ainsi, c'est que le cœur est tranquille et la conscience légère.

GADIFERT, *à demi-voix.* C'est bon ! c'est bon ! vous êtes heureux et je ne le suis pas ; mais je n'y tiens plus... il faut que je prenne l'air un moment... Attendez-moi ici !

RIGAULOT, *l'arrêtant.* Allons donc, mon cher, du courage !.. Après tout, ce n'est qu'une misère ; et il y a tant d'honnêtes gens...

GADIFERT. Laissez-moi !.. je ferais un éclat !.. j'aime mieux sortir !..

Il sort par le fond.

MAD. GADIFERT. Qu'est-ce donc ?.. mon mari qui s'en va.

Elle va vers le fond.

RIGAULOT, *sur le devant, à part.* Un moraliste l'a dit, et il a eu raison : Il y a toujours un peu de plaisir pour nous dans le chagrin de nos amis.

SCENE VII.

MAD. GADIFERT, MAD. RIGAULOT, RIGAULOT.

MAD. GADIFERT, *revenant en scène.* Il descend l'escalier : je ne sais quelle mouche le pique ce matin... A son aise...

RIGAULOT. Eh bien, mesdames, vous allez donc courir les

magasins, visiter les arsenaux de la coquetterie?.. vous avez un tel besoin de tourner les têtes... Encore, si vous vous en teniez à celles de vos maris!

MAD. RIGAULOT. Ce serait bien la peine vraiment!

RIGAULOT. Oui, c'est de nous que vous vous souciez le moins : vous êtes comme les rois qui négligent les plus anciennes provinces de leurs royaumes pour les nouvelles conquêtes.

MAD. RIGAULOT. Eh, mon Dieu, comme vous êtes sémillant aujourd'hui, monsieur Rigaulot!.. sur quelle herbe avez-vous donc marché? Il faut qu'il vous soit arrivé quelque chose d'heureux!.. Contez-nous cela?.. C'est peut-être un malheur survenu à quelqu'un de vos amis?

MAD. GADIFERT. Ah! le trait est méchant.

RIGAULOT, *souriant.* Voilà comme elle est, madame; on ne peut l'approcher sans recevoir quelque coup d'épingle; et j'ai le privilége des meilleurs.

MAD. RIGAULOT. C'est votre droit.

RIGAULOT, *très-gracieux.* Taisez-vous, méchante?.. vous êtes sûre de votre pouvoir, et vous en abusez.

MAD. RIGAULOT. Oh! que vous êtes ridicule ce matin!... quelles idées vous passent donc par la tête?

RIGAULOT. Comment mes idées ne seraient-elles pas tendres et gracieuses en vous voyant costumée de la sorte?

MAD. RIGAULOT. Oui dà?

RIGAULOT. C'est qu'en vérité vous êtes mise à ravir!.. ce chapeau, cette écharpe, cette robe si fraîche...

Tout à coup il s'arrête, son visage change, et il reste les yeux fixés sur le bas de la robe de sa femme.

MAD. RIGAULOT. Eh bien, monsieur, tout cela?..

RIGAULOT. Ah! mon Dieu!

MAD. RIGAULOT. Achevez-donc.

RIGAULOT. C'est étonnant, c'est incroyable!

MAD. RIGAULOT. Etonnant, incroyable!... Est-ce que vous devenez fou, monsieur Rigaulot!

RIGAULOT. Est-ce possible?.. (*Il se penche et examine le bas de la robe.*) Mes yeux me trompent!.. Non, non... déchirée!.. là, en bas.

MAD. GADIFERT. Que vous arrive-t-il, monsieur Rigaulot? vous semblez tout interdit!..

MAD. RIGAULOT, *le forçant de relever la tête.* C'est vrai!.. vous êtes pâle et effaré. Que regardez-vous donc là, à mes pieds?

RIGAULOT. Ce que je regarde?.. Comment se fait-il, madame, que votre robe soit ainsi déchirée?

MAD. RIGAULOT. Ma robe!.. Où donc?

RIGAULOT, *d'un ton tragique.* Là, madame; voyez!.. là!..

MAD. RIGAULOT, *regardant le bas de sa robe.* En effet... Où ma robe se sera-elle accrochée?.. En vérité, monsieur, rien ne vous échappe, et j'admire votre esprit observateur

RIGAULOT. Ne riez pas, s'il vous plaît, madame, et dites-moi d'où vient cet accident.

MAD. RIGAULOT, *riant.* Comment? d'où il vient?.. Et que vous importe? sont-ce là vos affaires?.. (*A madame Gadifert.*) Au fait, ma chère, je ne comprends pas où ma robe a pu attraper cela.

RIGAULOT. Si vous vous rappeliez bien toutes les circonstances...

MAD. RIGAULOT, *sans l'écouter.* Comme c'est désagréable!.. Cela se voit-il beaucoup!

MAD. GADIFERT. Non; d'ici je l'aperçois à peine; il a fallu toute l'attention que votre mari donne à votre toilette...

MAD. RIGAULOT. C'est très-bien, monsieur!.. je découvre tous les jours chez vous de nouvelles qualités.

RIGAULOT. Je crains que vous ne les connaissiez pas encore toutes.

MAD. RIGAULOT. Oh, oh!.. comme vous nous dites cela!

Air : *Soldat français.* (Julien.)

Quel ton de prince! et quels regards
Vos yeux lancent sur votre femme!
Je n'ai vu, sur les boulevards,
Rien de mieux dans le mélodrame!
Vous pourriez tirer grand parti
De ce talent qu'en vous j'admire;
Vous êtes beau comme monsieur Marty;
Mais, hélas! je vous averti
Que monsieur Marty me fait rire!

RIGAULOT. M. Marty est fort déplacé ici, madame.

MAD. RIGAULOT. Pas plus que votre ton solennel.

MAD. GADIFERT. Je ne sais pas, ma chère, ce qu'il y a dans l'air aujourd'hui; mais mon mari, qui de sa vie n'avait fait attention à ma toilette, s'inquiétait beaucoup tantôt d'une robe que j'ai envoyée chez ma couturière.

MAD. RIGAULOT, *riant.* Vraiment? mais voilà qui est délicieux.

MAD. GADIFERT. C'est peut-être là l'objet de la grave conférence que j'ai interrompue entre ces messieurs?

MAD. RIGAULOT. Alors, mon cher mari voudra bien me

donner les conseils de son expérience et me faire partager le fruit de ses réflexions sur cette importante matière : ce léger accident, par exemple, vous paraît-il ne pouvoir être réparé ? J'attends là-dessus les conseils de votre sagesse.

Elle s'incline profondément.

RIGAULOT. Madame, madame, je vous donnerai mes conseils à huis clos.

MAD. RIGAULOT, *riant.* A huis clos, ma chère ! oh, ceci est inimaginable ! à huis clos ! à huis clos ! je ne donnerais pas ce mot-là pour tout au monde !

MAD. GADIFERT, *riant.* Je conviens que le mot est drôle !

RIGAULOT, *à part.* Il faut me contraindre devant madame Gadifert.

MAD. RIGAULOT. Eh bien, monsieur, est-ce fini ? m'expliquerez-vous ?

RIGAULOT. Je dois m'estimer heureux de vous avoir procuré un si bon accès de gaîté.

MAD. GADIFERT. Ah ! je réclame pour mon mari ; il est aujourd'hui pour le moins aussi singulier que vous.

MAD. RIGAULOT. Accordé ; il y en a pour deux...

Elles rient.

JEAN, *entrant.* Madame le déjeuner est servi.

MAD. GADIFERT. Avez-vous averti monsieur ? est-il rentré ?

JEAN. Monsieur a dit en sortant qu'il ne déjeunerait pas.

MAD. GADIFERT. Ah !.. eh bien, allons, M. Rigaulot.

RIGAULOT. Si madame le permet, je ne déjeunerai pas non plus.

MAD. GADIFERT. En vérité ?

MAD. RIGAULOT. Voilà le complément de la plaisanterie.

MAD. GADIFERT. C'est une des plus drôles que nos maris aient encore imaginées.

MAD. RIGAULOT. Elle est économique.

MAD. GADIFERT. Mais il ne faut pas qu'elle devienne contagieuse.

MAD. RIGAULOT. Vous avez raison.

Air : *Heureux habitans* (Ketly).

Il faut déjeuner,
Allons, ma belle,
On nous appelle ;
Puis-je condamner
Mon époux à m'accompagner ?
Pour se promener
Si le vôtre a choisi cette heure,
Le mien ne demeure
Sans doute que pour mieux dîner.

ENSEMBLE.

Il faut déjeuner, etc.
MAD. GADIFERT.
Il faut déjeuner, etc.
RIGAULOT.
On va déjeuner,
Et moi j'enrage ;
Quel outrage !
Comment soupçonner
Que Dufour m'en voulait donner ?

Elles sortent.

SCÈNE VIII.

RIGAULOT, *seul.*

Ouf! je n'en puis plus! que j'ai eu de peine à me contenir!
Allons, la chose est claire! ce n'est pas Gadifert, c'est moi!..
la déchirure de la robe est là, témoin irrécusable qui dépose
de mon malheur!.. Avec quelle effronterie la perfide a joué son
rôle! mais ça ne se passera pas ainsi, elle saura de quel bois je
me chauffe; et Dufour, le misérable! se jouer ainsi de l'amitié!
Oh! je me vengerai! nous nous battrons, je le tuerai, c'est-à-
dire, il me tuera ; car moi, un ex-avoué, je ne sais pas du
tout me battre. Imbécile de Gadifert! il avait bien besoin de
s'introduire furtivement chez Dufour, et de venir après me
prendre pour confident; le beau rôle que je vais jouer devant
lui quand il saura que c'était ma femme et non la sienne.
Après tout ce que je lui ai dit, il est capable de se moquer de
moi. Oh, les amis!

SCENE IX.

JEAN, RIGAULOT.

JEAN, *entrant par le fond.* M. Rigaulot.

RIGAULOT. Ah, c'est toi, Jean?

JEAN. Oui, monsieur, c'est moi qui ai un petit service à
vous demander.

RIGAULOT. Où est ton maître ?

JEAN. Il n'est pas encore rentré... Monsieur, c'est au sujet...

RIGAULOT. L'imbécile ne reviendra pas.

JEAN. C'est au sujet de Justine.

RIGAULOT. Je voudrais lui parler.

JEAN. A qui? à Justine?

RIGAULOT. Que viens-tu me chanter avec ta Justine? j'ai
bien à faire de cette péronelle !

JEAN. Péronelle tant que vous voudrez, monsieur, je l'aime !

RIGAULOT. Tu l'aimes?

JEAN. J'en suis fou!

RIGAULOT. Nigaud! une coquette fieffée.

JEAN. Est-ce que je suis le premier qui aime une coquette, monsieur?

RIGAULOT. Un mauvais sujet!

JEAN. Comment cela, monsieur?

RIGAULOT. La scélérate! ne pas m'avertir de...

JEAN. De quoi?

RIGAULOT. De rien, de rien...

JEAN, *à part.* Bon! il y a quelque chose! nous rirons... (*Haut.*) Est-ce que vous aviez chargé mamzelle Justine de quelque mission?

RIGAULOT. Non, non!

JEAN. C'est que quelquefois dans un ménage il se passe des choses qu'un mari est bien aise de savoir.

RIGAULOT, *à part.* Bien aise!.. il a joliment trouvé cela ..

JEAN, *à part.* Tout-à-fait la figure que faisaient mes anciens maîtres; je vas me divertir.

RIGAULOT. Ah ça, voyons! m'auras-tu bientôt dit ce que tu veux?

JEAN. Voici, monsieur : Justine étant femme – de – chambre de madame Rigaulot, votre épouse, je venais vous prier de parler à madame au sujet de notre mariage.

RIGAULOT. Tu veux te marier, toi?

JEAN. Et pourquoi donc pas moi?

RIGAULOT. Imbécile!.. sais-tu ce qu'on devient quand on est marié?

JEAN. Non, monsieur; mais il paraît que vous le savez, vous.

RIGAULOT. On devient... on devient..... très malheureux.

JEAN. Oh! il y a des exceptions.

RIGAULOT. Très peu, Jean, très peu.

JEAN. Parmi les maîtres, c'est vrai; mais nous autres, pauvres diables, nous sommes à l'abri de cela.

RIGAULOT. Butor!

JEAN. Pour ma part, je vous déclare que je n'ai pas peur.

RIGAULOT. Voyez-vous la confiance de ce drôle-là; ne mérite-t-il pas d'être...

JEAN. Et vous, monsieur?

RIGAULOT. Comment, et moi?..

JEAN. Oui, et vous, est-ce que vous avez peur?

RIGAULOT. Veux-tu bien ne pas me rompre les oreilles plus long-temps?

JEAN. Vous parlerez à madame Rigaulot, n'est-ce pas, monsieur?

RIGAULOT. C'est bon, c'est bon; laisse-moi tranquille, et envoie-moi ton maître dès qu'il rentrera.

JEAN. Je crois l'entendre monter.

RIGAULOT. Eh bien, va-t-en.

JEAN, *à part*. Bon, bon, le bourgeois se doute des accointances avec le carabinier; c'est amusant!..

Il sort.

SCÈNE X.

RIGAULOT, GADIFERT.

GADIFERT, *entrant*. Comment, Rigaulot, vous ne déjeunez pas avec ces dames?

RIGAULOT. Non, je n'ai pas faim.

GADIFERT. Pas faim... vous!.. c'est la première fois de votre vie.

RIGAULOT. Il y a commencement à tout.

GADIFERT. Qu'avez-vous donc? je vous trouve le visage altéré.

RIGAULOT. Oui peut-être, c'est votre affaire qui me tracasse.

GADIFERT, *lui prenant la main*. Bon ami! vous y avez pensé?

RIGAULOT. Je n'ai pensé qu'à cela.

GADIFERT. Comme c'est beau à vous, qui n'avez pas à craindre un pareil malheur.

RIGAULOT, *soupirant*. Ah!

GADIFERT. Qu'entends-je? vous soupirez!.. est-ce que?..

RIGAULOT. Non, non... (*A part.*) Ne lui disons rien, il se moquerait de moi.

GADIFERT. Mais pourquoi soupirer? n'êtes-vous pas heureux, vous?

RIGAULOT, *riant d'un rire forcé*. Heureux! parfaitement heureux! ah, je crois bien que je suis heureux!

GADIFERT. Ecoutez, plus je songe à ce qui m'arrive, moins je me sens disposé à faire un éclat.

RIGAULOT. Comment, vous seriez capable de supporter avec patience?..

GADIFERT. Hein?

RIGAULOT. Il n'y a que la honte de la coupable, le sang de son séducteur...

GADIFERT. Mon Dieu, mon Dieu! quel langage! vous ne parliez pas sur ce ton-là tout-à-l'heure.

RIGAULOT, *se promenant.* On dit : ce n'est rien, ce n'est rien...

GADIFERT, *le suivant.* Oui, c'est ainsi que vous parliez.

Air : *de Céline.*

Vous disiez : c'est une misère !

RIGAULOT.

Si je l'ai dit, j'avais grand tort.

GADIFERT.

Vous disiez : il faudra vous taire.

RIGAULOT.

Je dis : il faut crier bien fort !

GADIFERT.

Quoi ! si vite changer de style !
Tantôt vous faisiez le plaisant.

RIGAULOT.

Tantôt j'étais un imbécile.

GADIFERT.

Mais qu'êtes-vous donc à présent ?

RIGAULOT. Ce que je suis, ce que je suis?..

GADIFERT. Oui !

RIGAULOT. Je suis furieux de tout ce qui se passe...Il n'y a plus de mœurs, Gadifert; il n'y a plus de mœurs ! Que m'importe à moi que ce soit un préjugé, un mal d'opinion, si cela me rend misérable ?

GADIFERT, *étonné.* Comment, vous ?

RIGAULOT. Je dis *moi,* c'est *vous* que je veux dire.

GADIFERT, *lui serrant la main.* Ah, mon ami, que je suis touché de vous voir ainsi prendre fait et cause pour moi !..

RIGAULOT, *à part.* Pour lui !..

GADIFERT. J'avoue que votre ton badin m'avait blessé.

RIGAULOT. Ah, mon pauvre Gadifert !

GADIFERT. Ah, mon bon Rigaulot ! vous voilà maintenant tout-à-fait comme je vous désirais.

RIGAULOT. Merci.

JEAN, *annonçant.* M. Dufour.

RIGAULOT. Dufour... oh, l'infâme !

GADIFERT, *à part.* Dufour... oh, le scélérat !

SCENE XI.

RIGAULOT, DUFOUR, GADIFERT.

DUFOUR, *allant vers Gadifert.* Bonjour, mon cher M. Gadifert.

GADIFERT, *lui tournant le dos et s'asseyant.* Serviteur.

DUFOUR, *surpris.* Eh, eh! qu'est-ce que cela?

GADIFERT, *à part.* L'effronté!..

DUFOUR, *allant à Rigaulot.* Enchanté de vous trouver ici, M. Rigaulot.

RIGAULOT, *lui tournant le dos et s'asseyant.* Votre très-humble.

DUFOUR, *surpris.* Eh bien, lui aussi!..

RIGAULOT, *à part.* L'impudent!

DUFOUR. Voilà un singulier accueil. *(Allant vers Gadifert.)* Qu'avez-vous donc M. Gadifert, et que signifie?

GADIFERT, *lui tournant le dos.* Rien.

DUFOUR. Rien... *(Allant à Rigaulot.)* D'où vient la mine que vous me faites, M. Rigaulot?.. Pourrai-je savoir?

RIGAULOT, *lui tournant le dos.* Non.

DUFOUR. Rien... Non... En vérité, je ne vous conçois pas.

GADIFERT, *à part.* Je ne sais qui me retient de lui arracher les yeux.

RIGAULOT, *à part.* Je ne sais qui m'empêche de lui sauter au visage.

DUFOUR, *à lui-même.* Il y a quelque chose là-dessous. Est-ce que ce serait l'aventure d'hier? Mais non, M. Gadifert n'a rien vu.

SCENE XII.

RIGAULOT, Mme RIGAULOT, DUFOUR, Mme GADIFERT, GADIFERT.

MAD. RIGAULOT, *entrant.* Vous voilà, Messieurs?.. Savez-vous que c'est bien mal de nous laisser déjeuner seules? Ah! c'est vous, M. Dufour; je vous salue.

MAD. GADIFERT. Je suis charmée de vous voir, M. Dufour.

DUFOUR. Votre serviteur bien humble, mesdames.

RIGAULOT, *à part.* Il a su que ma femme était ici, le tartufe!

GADIFERT, *à part.* Comme il est cérémonieux, l'hypocrite!

MAD. GADIFERT. J'ai mille remercîmens à vous adresser.

mon cher M. Dufour!.. vous avez envoyé à Charles une boîte superbe. Vraiment, vous êtes d'une amabilité, d'une bonté...

GADIFERT, *à part.* La scélérate!.. et c'est devant moi...

MAD. RIGAULOT, *devant la psyché.* Vous trouvez M. Dufour aimable, ma chère?

MAD. GADIFERT. Mais sans doute.

MAD. RIGAULOT. En vérité, vous êtes bien bonne.

DUFOUR. Oh, je sais, madame, que j'ai en vous une implacable ennemie!

RIGAULOT, *à part.* De quel ton il lui dit cela, le fourbe!

MAD. RIGAULOT. Ennemis, nous?.. Pas du tout, vous vous vantez!..

DUFOUR. Mais comment ai-je mérité votre inimitié?

Air : Amis, voici la riante semaine.

Pourquoi sur moi lancer vos épigrammes?
Riche et garçon, ne le savez-vous pas,
Mon seul bonheur est d'être utile aux dames,
Un geste, un mot m'enchaînent sur leurs pas;
A leur service, en toute conjoncture,
Comme un esclave on me voit attaché;
J'offre mes soins, mon bras et ma voiture...

MAD. RIGAULOT.
Et votre cœur par-dessus le marché.

DUFOUR. Je trouve à le placer moins souvent que ma voiture.

MAD. RIGAULOT. Je conçois cela.

GADIFERT, *à part.* Infâme séducteur, va!..

MAD. RIGAULOT. Je conviens pourtant que vous avez du bon : votre calèche est excellente.

RIGAULOT, *à part.* On devrait pendre tous les célibataires qui ont calèche.

MAD. RIGAULOT. Mais vous m'aviez promis de m'envoyer les dernières livraisons du *Salmigondis*, et vous ne l'avez pas fait.

DUFOUR. J'ai un million de pardons à vous demander.

RIGAULOT, *à part.* Il s'agit bien entre eux du *Salmigondis*.

MAD. RIGAULOT. Je n'admets point d'excuse.

DUFOUR. Laissez-moi espérer, madame, qu'il me sera possible de rentrer dans vos bonnes graces.

MAD. RIGAULOT. Espérez, n'espérez pas; ce sont vos affaires.

RIGAULOT, *à part.* Comme la perfide dissimule! oh! je n'y tiens plus.

MAD. GADIFERT. Écoutez, M. Dufour; j'ai aussi un service à reclamer de vous.

DUFOUR, *allant à elle.* A vos ordres, madame.

Ils causent bas.

GADIFERT, *à part.* Voyez-vous la jalousie! elle ne peut souffrir qu'il s'occupe d'une autre femme. Je suffoque.

DUFOUR. J'y cours dans l'instant, madame; mais, dites moi, savez-vous ce que ces messieurs ont ce matin?

MAD. GADIFERT. Non vraiment!

DUFOUR. Ils m'ont accueilli d'une façon bien étrange.

MAD. GADIFERT. Oui, ils sont aujourd'hui fort singuliers; voyez quels regards ils nous lancent!

DUFOUR. C'est incompréhensible!

GADIFERT, *à part.* Allons, il faut en finir.

RIGAULOT, *à part.* Il est temps de s'expliquer.

GADIFERT. M. Dufour, j'ai à traiter avec Rigaulot une affaire particulière et pressante.

DUFOUR. Ah!..

RIGAULOT. M. Dufour, nous sommes occupés.

DUFOUR. Ah!..

MAD. RIGAULOT, *souriant.* Eh! mais, M. Dufour, ceci ressemble beaucoup à un congé.

DUFOUR. Je m'en aperçois, madame; mais j'ai trop d'obligations à M. Gadifert pour m'en offenser, et d'ailleurs je ne le crois point définitif; je pense pourtant qu'il est convenable que je me retire.

MAD. RIGAULOT. Un moment M. Dufour!.. la façon dont se conduit avec vous mon cher mari m'oblige à vous offrir un dédommagement.

RIGAULOT. Madame Rigaulot!

MAD. RIGAULOT. Il n'est pas juste que vous soyez maltraité par toute la maison. Je fais la paix avec vous, et je vous engage à venir me voir plus souvent que vous ne le faites.

RIGAULOT, *à part.* A-t-on idée d'une pareille audace!

DUFOUR, *à madame Rigaulot.* Voilà un malheur bien heureux!

RIGAULOT. Madame Rigaulot!

MAD. RIGAULOT. Eh bien, quoi, monsieur? C'est aux femmes qu'il appartient de réparer les injustices de leurs maris!.. (*A Dufour.*) Madame Gadifert et moi nous comptons sur vous pour aujourd'hui, M. Dufour.

RIGAULOT, *à part.* Défunt Putiphar n'était pas plus à plaindre que moi.

DUFOUR. Je m'empresserai de me rendre à vos ordres, mesdames. A revoir donc, messieurs... j'espère vous trouver dans de meilleures dispositions : mais cet accueil qui m'affligeait, je vous en remercie maintenant.

Air : Walse des Comédiens.

RIGAULOT.
Monsieur Dufour, adieu, je vous salue !
GADIFERT.
Je vous salue, adieu, monsieur Dufour !
DUFOUR.
Me renvoyer est chose résolue,
Mais je serai plus heureux au retour.
(Aux deux femmes.)
Quelques ennuis préoccupent leurs ames,
Vos deux époux sont sourds à l'amitié ;
Mais si je suis toujours l'ami des femmes,
Je ne serai malheureux qu'à moitié.

ENSEMBLE.

RIGAULOT.
Monsieur Dufour, adieu, je vous salue !
GADIFERT.
Je vous salue, adieu, monsieur Dufour !
DUFOUR.
Me renvoyer est chose résolue,
Mais je serai plus heureux au retour.
MAD. GADIFERT et MAD. RIGAULOT.
Monsieur Dufour, voyez, on vous salue,
Ces deux messieurs sont dans un mauvais jour;
Vous renvoyer est chose résolue,
Mais nous comptons sur votre prompt retour.

SCÈNE XIII.

RIGAULOT, Mme RIGAULOT, Mme GADIFERT, GADIFERT.

MAD. RIGAULOT. Voilà qui est bizarre ! Au reste, que nous importe? Il est temps de sortir, ma chère; il me paraît d'ailleurs que nous n'avons rien de bon à attendre de ces messieurs : ils ne ressemblent pas mal à un couple de hérissons.

MAD. GADIFERT. Très volontiers ; partons, ma bonne amie.

GADIFERT, *s'avançant.* Arrêtez, madame !.. il faut auparavant que nous ayons une explication.

MAD. GADIFERT. Comment? que veut dire cela?

MAD. RIGAULOT. Oh, quels yeux !

RIGAULOT, *à sa femme.* Oui, madame; et vous aussi vous aurez la bonté de rester.

MAD. RIGAULOT. Que voulez-vous, monsieur? qu'est-ce que cela signifie?

RIGAULOT. Vous allez le savoir.

MAD. GADIFERT, *à son mari.* M'expliquerez-vous, monsieur?

GADIFERT. C'est vous, madame, qui allez me donner des explications; et n'espérez pas me tromper.

MAD. GADIFERT, *à part.* Ah! mon Dieu! est-ce qu'il soupçonnerait?..

GADIFERT. Il ne s'agit pas de trembler, mais de répondre!.. Pourriez-vous me dire où vous êtes allée hier, quand, après m'avoir annoncé que vous ne sortiriez pas, vous avez quitté la maison dès que j'ai eu le dos tourné?

MAD. GADIFERT. Monsieur, je suis allée me promener.

GADIFERT. Vous promener!.. et pourrait-on savoir où?

MAD. GADIFERT. Aux Champs-Élysées.

GADIFERT. Vous me trompez, madame; vous n'avez pas été aux Champs-Élysées.

MAD. GADIFERT, *à part.* Il ne sait rien! (*Haut.*) Monsieur, je ne suis pas habituée à de semblables démentis.

MAD. RIGAULOT, *riant.* Mais c'est un interrogatoire en forme.

RIGAULOT. Oui, madame, et ce n'est pas le plus intéressant!.. attendez une minute.

GADIFERT. Je crois savoir, madame, que vous êtes allée ailleurs qu'aux Champs-Élysées.

MAD. GADIFERT. Et où donc, s'il vous plaît, monsieur?

GADIFERT. Chez un homme!

MAD. GADIFERT. Qu'entends-je?.. et chez quel homme? nommez-le.

GADIFERT. Chez Dufour!..

MAD. GADIFERT. M. Dufour!

MAD. RIGAULOT, *étouffant une envie de rire.* Oh, oh!

RIGAULOT, *à part.* Elle rit, l'infâme!.. elle se croit en sûreté... Patience!

GADIFERT. Eh bien, madame?

MAD. GADIFERT. En vérité, monsieur, vous êtes fou!

GADIFERT. Je vous répète que vous étiez chez lui à quatre heures.

MAD. GADIFERT. Je vous répète, moi, que vous extravaguez.

GADIFERT. Vous avez un beau sang-froid, madame!.. mais il me faut des preuves à l'appui de cette assurance.

MAD. GADIFERT. Et, si je n'en avais pas, je serais donc convaincue de mensonge? Voilà une belle justice!.. Comme si une femme ne pouvait pas faire une promenade sans rencontrer quelqu'un qui vienne affirmer qu'elle l'a faite! heureusement, je n'en suis pas là... A quatre heures, monsieur, j'étais chez madame Delmar, rue Neuve de Berry ; en sortant de chez elle, j'ai rencontré M. le comte de Surville dans les Champs-Élysées.

MAD. RIGAULOT, *riant.* Ah, ah, ah !..

RIGAULOT, *à part.* Elle ose rire encore !

MAD. GADIFERT. Il m'a offert son bras, et je suis allée chez mademoiselle Minette, ma lingère, rue de Rivoli.

GADIFERT, *fort adouci.* Est-ce bien vrai ?

MAD. GADIFERT. J'exige, monsieur, que vous sortiez sur-le-champ, et que vous ailliez vous assurer de l'exactitude de mon récit.

RIGAULOT, *à part.* Pardieu ! je le savais bien que ce n'était pas elle !

GADIFERT. Ma chère amie !..

MAD. GADIFERT. Partez, monsieur, partez !.. moi, je resterai sous la surveillance de votre digne ami, monsieur Rigaulot.

GADIFERT. Allons, allons, je te crois !

MAD. RIGAULOT, *riant aux éclats.* Mon Dieu, mon Dieu, que les maris sont drôles !.. Dufour !.. Dufour !..

GADIFERT. Qui donc était chez lui ?..

RIGAULOT, *furieux, et passant entre madame Rigaulot et madame Gadifert.* Qui ? je vais vous le dire, moi !.. La coupable n'est pas loin !.. et son audace mérite un châtiment que je voulais lui épargner.

MAD. GADIFERT. En voici bien d'une autre !

MAD. RIGAULOT. Est-ce que c'est une épidémie !

RIGAULOT. Silence, madame !.. moins que personne vous avez le droit de plaisanter ici !

GADIFERT, *à part.* Qu'est-ce qu'il dit donc ? est-ce que ce serait ?..

RIGAULOT. Vous ignorez qui était chez Dufour, hier à quatre heures ?

MAD. RIGAULOT. Comment voulez-vous que je le sache ?

RIGAULOT. Ah !.. vous l'ignorez ?

MAD. RIGAULOT. Eh, oui, monsieur !.. cent fois oui !..

RIGAULOT. Nous allons voir... Gadifert, hier, en entrant chez Dufour à l'improviste, n'avez-vous pas vu une femme qui se sauvait dans le cabinet ?

GADIFERT. Oui !

RIGAULOT. Cette femme n'avait-elle pas une robe jaune en mousseline et des rubans bleus à son chapeau ?

GADIFERT. Oui !

RIGAULOT. En fermant la porte, le bas de la robe de cette femme n'est-il pas resté accroché! et ne s'est-il pas déchiré?

GADIFERT. Oui!

RIGAULOT. En est-ce assez, madame?

MAD. RIGAULOT. Comme vous voudrez, monsieur.

RIGAULOT. Il faut donc absolument vous mettre les points sur les *i*? il faut que j'administre moi-même la preuve de votre crime? (*Il se baisse et relève le bas de la robe de sa femme.*) Eh bien, cette preuve... la voici; regardez cette déchirure.

MAD. RIGAULOT. Cette déchirure... Ah, mon Dieu!... mais je vous jure que j'ignore absolument où cela s'est fait.

RIGAULOT. Vous voyez bien que je le sais, moi.

GADIFERT, *à part.* C'était elle! (*Bas à sa femme.*) Oh, ma bonne amie!..

MAD. GADIFERT, *à part.* Elle, chez Dufour... non, cela ne se peut pas.

MAD. RIGAULOT. Je m'y perds... Ah! quelle idée... Ne serait-il pas possible?.. Oui... peut-être.

Elle court à la sonnette.

RIGAULOT. Que faites-vous, madame?

MAD. RIGAULOT. Laissez, laissez; nous allons voir.

JEAN, *entrant.* On a sonné.

MAD. RIGAULOT. Montez chez moi, et dites à Justine de descendre sur-le-champ.

JEAN. Ce ne sera pas long, madame, elle est dans l'anti-chambre.

MAD. RIGAULOT. Eh bien, amenez-la tout de suite.

Jean sort.

RIGAULOT. Justine n'a rien à faire ici, madame.

MAD. RIGAULOT. C'est ce que vous allez savoir, monsieur.

SCENE XIV.

RIGAULOT, MAD. RIGAULOT, JUSTINE, MAD. GADI-
FERT, GADIFERT, JEAN.

MAD. RIGAULOT. Approchez, Justine.

JUSTINE. Me voici, madame.

MAD. RIGAULOT. Dites, je vous prie, où je suis allée hier à trois heures de l'après-midi?

JUSTINE. Madame est allée chez sa tante où elle a dû dîner.

MAD. RIGAULOT. Comment étais-je mise?

JUSTINE. Madame avait une robe blanche et un chapeau rose avec des rubans pareils.

RIGAULOT. Robe blanche et chapeau rose... Et vous jurez que vous dites vrai ?

JUSTINE. Ah ! monsieur , c'est l'exacte vérité !.. Toute la maison est là pour dire comme moi.

RIGAULOT. Qu'est-ce que cela signifie ?

MAD. RIGAULOT , *à demi-voix.* Pas un mot de plus , monsieur; il est inutile que nos gens apprennent vos ridicules soupçons.

RIGAULOT, *à part.* Imbécile de Gadifert ! est-ce qu'il se serait trompé ?

MAD. RIGAULOT. Justine , vous avez dit la vérité; je vous en remercie; j'espère que vous continuerez à répondre avec la même franchise. (*Lui montrant le bas de sa robe.*) Pourriez-vous m'expliquer comment s'est faite cette déchirure à ma robe?

JUSTINE , *à part.* Ciel !..

JEAN , *à part.* Oh, oh !..

MAD. RIGAULOT. Eh bien ?

JUSTINE. Madame... je ne sais.

JEAN , *à part.* Ces malheureuses banquettes du Cirque !.. il y a toujours des clous qui passent.

MAD. RIGAULOT. Vous rougissez , Justine... vous le savez...

JUSTINE. Je vous assure que j'ignore...

MAD. RIGAULOT. Vous le savez, vous dis-je; et moi aussi, je le sais.

JUSTINE. Oh ! madame...

MAD. RIGAULOT. Hier, cette robe a été mise, et ce n'est point par moi.

JEAN , *d part.* Voilà tout découvert !

JUSTINE, *suppliante.* Madame !..

MAD. RIGAULOT. Une femme vêtue de cette robe, portant ce chapeau, a été vue hier par M. Gadifert...

JEAN , *à part.* Tiens !.. est-ce qu'il était au Cirque-Olympique?

JUSTINE, *à part.* Je suis perdue '..

MAD. RIGAULOT. Vous voyez que je sais tout : c'est vous qui avez mis cette robe, et c'était pour aller...

JUSTINE, *s'approchant et à demi-voix.* Madame, j'ai dans ma poche une lettre pour vous ..

MAD RIGAULOT, *bas et troublée.* Silence, Justine !..

RIGAULOT, *avec joie.* Comment, Justine, c'était vous qui...

MAD. RIGAULOT, *vivement.* C'en est assez, M. Rigaulot.

GADIFERT, *riant.* Qui se serait imaginé que c'était elle qui...

JEAN, *à part.* Pauvre Justine ! il faut venir à son secours. (*Il passe entre madame Gadifert et Justine. Haut.*) Pardonnez-lui, monsieur : elle a voulu se parer pour aller avec moi au Cirque-Olympique.

RIGAULOT, *ébahi.* Au Cirque-Olympique !.. avec toi !.. ah bah !..

JEAN. Oui, monsieur ; c'est là, sans doute, que M. Gadifert, l'a vue.

MAD. RIGAULOT, *vivement.* Oui, précisément, c'est là ! N'est-il pas vrai, M. Gadifert ?

Elle lui fait des mines.

GADIFERT. Certainement !.. certainement !..

JEAN. J'ai deviné tout de suite ! et monsieur, trompé par la toilette...

RIGAULOT, *riant.* Très-bien, mon garçon, très-bien !.. je n'ai pas besoin d'une autre explication.

GADIFERT, *bas à sa femme.* Ce pauvre Jean !

JEAN. Si madame veut bien excuser Justine, il n'y a pas grand mal, puisque, moi, je désire l'épouser.

RIGAULOT, *riant.* C'est juste... épouse, mon ami, épouse... Et vous, madame, pardonnez-moi.

MAD. RIGAULOT. Nous verrons... M. Rigaulot, à ma prière, veut bien vous donner une dot de mille écus. C'est le moins qu'il puisse payer ses ridicules idées.

RIGAULOT. Avec plaisir, madame, avec plaisir !.. (*A part.*) C'est un bon tour à jouer à Dufour.

MAD. GADIFERT. Et M. Gadifert en fait autant pour vous.

GADIFERT. Très-volontiers. (*A part.*) Dufour sera bien attrapé.

MAD. RIGAULOT. Et vous irez vous établir où bon vous semblera.

JEAN, *à Justine, en l'emmenant à gauche de l'acteur.* Voilà-t-il un beau jour ?..

SCÈNE XV.

RIGAULOT, MAD. RIGAULOT, DUFOUR, MAD. GADI-FERT, GADIFERT, JUSTINE, JEAN.

DUFOUR, *passant la tête par la porte du fond.* Puis-je entrer sans qu'on m'arrache les yeux ?

GADIFERT, *courant au devant de lui.* Entrez, mon cher Dufour, entrez.

DUFOUR. Ah, ah!..

RIGAULOT. Soyez le bienvenu, mon bon ami!

DUFOUR. Oh, oh!.. voilà un accueil bien différent de celui de tantôt.

GADIFERT. Excusez-nous, mon cher : Rigaulot et moi, nous étions...

MAD. RIGAULOT. Fort ridicules... mais tout est fini... et certes, monsieur Dufour, vous ne refuserez pas de contribuer avec eux à une bonne action.

DUFOUR. Comment cela?

MAD. RIGAULOT. Jean, que voici, épouse Justine, ma femme-de-chambre, avec qui il est allé hier soir au Cirque-Olympique.

DUFOUR, *surpris.* En vérité?

JEAN, *d'un ton suffisant.* Si vous voulez bien le permettre, M. Dufour.

DUFOUR. Ah! Justine! vous allez au Cirque-Olympique, et vous vous mariez!

JUSTINE. Je crois que c'est le plus prudent, monsieur.

MAD. RIGAULOT. Chacun de ces messieurs leur donne trois mille francs pour former un établissement; hésiterez-vous à faire le même cadeau à Justine?

DUFOUR. A Justine?

MAD. RIGAULOT, *avec intention.* Oui, monsieur; afin qu'à l'avenir elle ne mette plus les robes de sa maîtresse.

DUFOUR. De tout mon cœur, madame, de tout mon cœur!..

JEAN. Ah! monsieur, que je vous remercie!

DUFOUR. Il n'y a pas de quoi, mon ami, il n'y a pas de quoi.

RIGAULOT, *à part.* Il est vexé!

GADIFERT, *bas à sa femme.* Le séducteur enrage!

DUFOUR, *à part.* Scélérate de Justine! (*Haut.*) Maintenant que cette affaire est arrangée, écoutez-moi : Je venais vous annoncer, mesdames, que M. le comte de Surville met, pour ce soir, à votre disposition, sa loge d'avant-scène à l'Opéra; nous y verrons M. Belval; et moi je vous offre ma voiture.

RIGAULOT. Nous acceptons, nous acceptons. Il est juste que cette journée finisse par le plaisir.

GADIFERT. Moi, à la sortie du spectacle, je paie des glaces chez Tortoni.

JEAN, *bas à Justine.* Oh! les deux jobards!

RIGAULOT, *à part.* Cet imbécile de Jean, qui était si sûr de n'être pas trompé.

GADIFERT. Allons, la journée est bonne : grace à tout ce qui vient de se passer , voilà ici trois hommes heureux !

MAD. RIGAULOT. Vous oubliez monsieur Dufour !

DUFOUR. Vous avez raison, madame !.. nous le sommes tous les quatre.

CHŒUR.

Air : Chœur final de matin et soir.

Que la tristesse
Aujourd'hui disparaisse ;
Qu'un gai refrain
Remplace le chagrin !
Il est banni,
Et la fête
Est complette ;
Taglioni !
Ensuite Tortoni !

MAD. RIGAULOT, au public.

Air de Turenne.

Messieurs, ma robe est jolie et commode ;
Mais, si je veux la porter tous les jours ,
Il faudra bien que je la raccommode ;
Et, pour cela, j'ai besoin de secours ;
C'est à vous seuls ici que j'ai recours.
Cet accident , cause d'une méprise,
Ne sera rien , si vous le voulez tous.
Un coup de main , messieurs , et grace à vous,
Nous pourrons faire une reprise.

CHŒUR.

Que la tristesse, etc.

FIN.

www.ingramcontent.com/pod-product-compliance
Lightning Source LLC
LaVergne TN
LVHW021700170726
843501LV00007B/2652